AF368303

PROSE DU

TRANSVOYAGEUR

Jérôme Bergami

Aux poètes qui sont mon souffle

PROSE DU

TRANSVOYAGEUR

Janvier 2015, mer Noire
Cargo Tbilissi - Odessa

Édition associative
La Terre en Marche

En ce temps-là, je n'avais pas vingt ans

Que la fièvre m'habitait tout entier
Partir était un verbe dieu décliné en secret déjà
Déjà le dieu des verbes flambait mes veines
De son poison délicat
Et tout entier à sa loi je me laissais aller
Elle disait : « Tu seras l'éternel
Errant aux pieds d'or
Tu n'auras seul refuge qu'en ton cœur face aux vents
Tes yeux verront les neiges, verront les pluies
Et toujours iront s'ouvrant
Ton visage connaîtra les lumières qui fixent
Les poussières des firmaments
Je te mettrai en prise avec l'espoir, avec les hommes
Avec leurs rites et leurs tourments
Ta bouche s'animera comme les perles d'un boulier
Tu parleras toutes les langues, les plus inconnues
Les plus mal-aimées
Tu diras les mots que l'on jette à la mer
Les pavés lourds des grands lexiques noueux
À la sève assoupie seront descellés
Par toi en partance
Ta bouche aura le roulis des jouvences
Ton errance fera chapelle
Les mémoires s'y recueilleront

Avant de prendre leur envol
Tu embrasseras
Les ventres de naissance
Femmes et terres
L'homme est né pour être ailé
Il finira par l'entendre

Or je n'avais pas vingt ans quand je me suis envolé
En route pour ma belle
Armorique
Heureux de ne pas savoir qui j'étais
Mais avide de faire le premier pas
Je me suis bâti là
Sur la terre, sur le sable, sur la langue
Trois couronnes d'une trinité bretonne
Dont je me suis coiffé
Je demandais mon dû
À tout âge l'on se veut
Je parle souvent de mes racines, je m'aperçois
Qu'elles gagnent du terrain
Comme des zébrures s'étendent sur une vitre au
chaos des routes
Plus j'avance en vie
Je cherchais la clarté
Je n'y verrai un jour plus rien
C'est bien

N'est-ce pas ce que m'ont dit et répété
Penchés au-dessus des bénitiers
Souverains sous leurs mousses diaprées
Les trois Ankou
Ar Merzher, les orbites creuses comme des gouffres
Roc'h Morvan à la tour de brume
Brazpar, la flèche rugueuse blanchie dans le granit
Sous le couteau
Des pluies fines et séculaires
Je manquais alors d'horizon
Je suis monté à la hune, avec ce cri
« Affamé Terre et Mère ! Affamé !
À la rose des vents ! Aux astrolabes !
Au saint patron des vagabonds ! »
Va !
Va vêtu à peine de ton identité fraîche et moelleuse
Et pétrissable et confiante
Va ! Va, mon argile
Va aux sémaphores
Le jour point à tous les cardinaux
Va aux vastes plages dans les goémons épais
Et les battements argentés
Où la mer accouche à ressac du soleil victorieux
Va aux îles de cristal, va au bois des légendes
Chaque jour le message était délivré
Mais il fallait se tenir droit pour l'entendre

Je l'étais
Dans les ruelles rouges des pisés de Tamalout
Les enfants berbères avaient les yeux clairs
De leurs rivières
Ils jouaient sur les balcons au ventre rond
Les parois des gorges étaient chaudes
Comme des oranges
Et les femmes vêtues de noir accroupies
Au bord de l'eau
J'aimais
La lune
Dans leurs yeux cernés de khôl
Et les doigts dans le linge où brillait le henné
À Ouessant, j'étais droit
Grâce aux falaises et aux gifles du vent
Qui m'ont redressé
Indiqué la verticale à tenir sous les étoiles
De haute mer
À ma solitude aussi
Je vivais avec Maritsa
Pauvre vieille
Elle a succombé mais où je ne sais plus
Jamais huilée tant frappée elle me suivait
Dans le coffre d'une Italienne
Je parle souvent de mes racines
C'est que sans elles je ne serais jamais parti

La force m'aurait manqué
Se décrocher demande de solides attaches
Cela je l'ai cogné sur ma machine à écrire
Maritsa
C'était à Imouzzer
La bougie finissait de brûler
Les pentes de l'Atlas venaient mourir
Au pied de la ville impériale
C'était un novembre couleur chair faisandée
Fès brasillait dans les vapeurs de ses hammams
Je marchais mon ami Driss à mes côtés
Qui chantait en tamazight
L'histoire blessée de ses aïeux

Ô Maritsa
Je t'évoque encore
Avec la fantaisie d'un accent biélorusse
Qui ne fit que passer
Entre deux crachins sur les rasoirs
De schiste de L'Arrée
Elle avait les yeux verts de l'Iroise
Et sur la peau l'ivoire des touches de ton clavier
Je lui ouvrais ma tanière
Elle y avait froid
Ses vernis, ses tricots ne s'accordaient pas
Aux couleurs de mes baisers

Elle s'imaginait radieuse et parfumée
Descendant l'avenue des Champs Elysées
Je l'invitais à fendre les tourbières
Celto-slave
Guerrier qui exalte, Beauté qui lave…
Nous prîmes acte du malentendu
Ce ne fut plus alors qu'un soupir
Et une valse brève des mouchoirs
Quand le train qui emportait Anastasia
S'enfonça dans le noir

N'aurais-je fait que rêver
Cendrars sous mon bonnet
Rimbaud à mon paletot
Xavier Grall me fit Breton
Et lyrique aux deux hémistiches de mon pantalon
Le don des jambes je le dois aux poètes
Et l'histoire de mes départs
Est une histoire de conquête
Je n'ai voulu l'ailleurs que pour me rencontrer
Contrées ! M'y rendre tout contre
Et délaissant toute chronologie
Parce que le monde est ronde
Danse dans les cycles
D'une insaisissable horlogerie
Contrées !

Des navires du Kutch
Aux dromadaires du Gobi
Des jungles de Guyane
Aux oasis de Cyrénaïques
Des monastères du Zanguezour
Aux mantras du Sichūan
Des cribles de Sarajevo
Aux barbelés figés d'Auschwitz
Des mouettes d'azur des grands lacs de Chicago
Aux échancrures nues et rosées du Baïkal
Où le train d'un poète finit toujours par arriver
Contrées !
Y limer ma pensée
Y véhiculer mon sang
Y déterrer le miroir multiple de mes semblables
Mes racines sont innombrables
Plus me pousse le temps
Je parlais l'autre jour de l'Italie
Je ne l'ai mieux apprise que récemment
Nous sommes des gastéropodes
Remontant les lames d'un plancher mouvant
Bien sûr
Nous nous épuiserons
Avant d'en avoir vu le bout
Mais c'est à ce que nous aurons vécu
Que nous jugerons de la valeur du long voyage

Moi aussi j'ai connu les bulbes de chantilly
Des pâtisseries orthodoxes érigées à la gloire
De Dieu et du tsar
Moi aussi j'ai connu la majesté des gares
Moscovites, tatares
Les horloges aux aiguilles d'or à leur fronton
Les samovars pour le thé brûlant
Le hareng fumé sur les quais de glace
Des bourgades de Sibérie
Les couchettes des wagons populaires
Avec la chair des femmes
Et les hommes au corps tatoué
Je revois ce torse en flamme
Ce biceps ceint d'une croix gammée
Moi aussi j'étais bien loin de Montmartre
Les jours filaient sur les rails enneigés
Des trains, des gares
Des réseaux, des fuseaux
Jamais plus je ne saurai l'heure qu'il est
J'ai réussi
À me perdre !
Dans les espaces et dans le temps
À imposer
Le dédale des souks dans ma vie
À circuler dans le labyrinthe
Par l'esprit et la géographie

« Où allons-nous ? » me demandais-tu sans cesse
Bien même après dix ans
Nous habitions Simplon
Derrière la Butte
Rue du roi d'Alger
Hôtel Dame du Lac
Je le devine
La glycine
Fleurit toujours à la fenêtre d'Alain
Monsieur Valentin n'est pas mort
La pluie ne goutte plus sur le matelas de Momo
L'ex-boxeur à mis K.-O. la bouteille
Éric est amoureux
Viorica chante, elle veut revoir son pays
Et Ţicu son mari quitte le métro
Sur un dernier air d'accordéon
Là où l'on a aimé
La mémoire se montre conciliante
Les souvenirs amènes

Sur le cargo qui nous entraîne
Par la mer Noire vers l'Ukraine
Il a bruiné au crépuscule de la journée
Dans la pâle clarté de ce janvier finissant
Oh, tout juste une dentelle, à peine une soie
Le ciel est capable de miracles je le crois

Il a bruiné sur mon visage
Et un homme calmement
Sereinement à pas lent
Remonte en ses allées
Quelle vie
N'est pas un paquet de feuilles éparses
« Où allons-nous ? » demandais-tu
Si je le sais moi !
Nous avons mêlé nos deux cahiers
De cette volonté je suis sûr
De ton amour aussi
Qui a la forme d'une colombe
Glissée dans ta gorge
Pour le reste…
Le train de Sibiù avait du retard, j'attendais
De te connaître
Sans le savoir
Elle est pour beaucoup dans l'ignorance
La beauté
Ne rien brusquer
J'attendais depuis né
Amour chagrin courage et amitié peur et désir
Solitude
Les hommes et les pays
La femme et son vagin
Le train

Deux gitanes crachotaient au sol
L'écorce salée des graines de tournesol
Les Carpates recouvraient leurs flancs
D'une toison de verdure
Mon tarbouch me donnait l'air d'une soupière
L'odeur des œufs et du saucisson me donnait faim
Nous allions me semblait-il à reculons
Le train de Roumanie baguenaude
C'est un contemplatif
Il n'est pas le train chinois de Shanghai
Qui sent la vitesse et l'eau de javel
Ni le train indien de Calcutta
Aux banquettes poisseuses, aux ventilos paresseux
Il n'est pas non plus le train du Bangladesh
Qui nous mena à Chittagong
Et qui croulait sous la vigne vierge
Des passagers entremêlés
Les corps formaient rinceaux
Les marchepieds s'incurvaient
Des treilles d'enfants crevaient les plafonds
Ni encore le train d'Albanie entre Durrës et Vlorë
Dont on a pris les vitres et l'électricité
Non, le train de Roumanie est frère
De l'Elektrichka de Bouriatie
Parti d'Irkoutsk
Jusqu'à ce village qui pour moi n'a plus de nom

Si lent si ruminant ma belle amie
Que tous les jours de notre vie
Ont bien plaisir à défiler

Attendre
Action phare du voyageur

J'étais à Ouessant… Mais je te l'ai déjà raconté !
Creac'h Gwenn et ses rafales de lumière
Les étoiles comme en sang
Pailletant la voûte atlantique
En contrebas le murmure continu
De nos origines aquatiques
Les vagues s'écrasaient sur les galets
Dans mon lit j'attendais que m'exécute
Le pinceau du plus puissant phare d'Europe
Ô les nuits magiques
Passées à bord de la maison des chers facteurs
Deux enfants de l'île, pépite du Créateur
Je t'ai dit tout ça mais tu ne m'écoutais pas
Tu occupais tes pensées à monter des murs
(Ils sont là-bas de pierres sèches)
Tu n'osais pas pousser la porte qui t'aurait engagée
Hors de toi
Aujourd'hui nous en sommes là
Hors les murs

Mamică
Petite mère
Sabina
Mon gouvernail malgré toi
Cargos et tankers vont sur le rail
Comme nous allons en procession
D'un bout à l'autre de la Terre
Parfois ils dégueulent en pleine mer
Entre nous
Qui n'a pas rendu un jour ces rogatons
Des sardines en lamées mijotées sur les trottoirs
De Casa
Des larves en brochettes dans une ruelle de Pékin
Des bols de termites sous un carbet d'Antecumpata
Des pâtes au mouton dans les assiettes jaunies
Des cantines de l'Altaï
Dans la vallée de la Bruche
Tout le munster fondu des flàmmeküeche
Sous le soleil oblique d'une rue du Caire
Des foies de poulet
Exhumés de leur sépulcre d'huile noirâtre
Allons ! Je lève mon verre !
Un Gewurztraminer des hospices de Strasbourg
Plus doux qu'un baiser, plus blond qu'une nixe
À l'amour !
À la poésie !

À la danse des cœurs ! Au chant des corps !
Allons !
Aux hommes ! terrifiants sanguinaires
Infantiles pensionnaires d'une planète Mère
Qui pleure, qui pleure et qui pleure…
Mais j'allais oublier, comme un parent
Et mille merci
Emil Cioran
Pour être né !
Mais si, je te l'ai dit… l'article de journal…
À l'intérieur le nom de son village natal
Rășinari
J'ai quitté l'île
Un départ est une réponse à un appel
Partir-sentir
Partir-creuser
L'œuvre minutieuse qui s'élabore
Partir-comprendre
Partir-penser
L'œuvre minutieuse qui s'élabore
On est si petit face au voyage
Si vulnérable devant le monde
Partir-bâtir
Partir-rêver
J'avais besoin d'une attention
D'un œil porté sur moi

La Terre n'est pas nouvelle à mes côtés
J'abordais déjà les villages saxons
La terre de mes ancêtres à mon ceinturon
Mais avec les années elle s'est élargie
Si je parle souvent racines c'est que sans doute
Tout le sens de notre épopée terrestre y est contenu
Partir- saisir
Partir-s'ouvrir
Mais est-ce toujours s'ouvrir
Quand on défonce la porte
Qu'on abat les murs
Brise les vitres
Pour annoncer telle une souveraine
La Vie

J'ai toujours voyagé
Enfant
Je ne suis jamais allé aussi loin qu'avec sous la main
Une pile de bandes dessinées
J'ai voyagé chez Loisel Chéret Andréas
Chez Franquin chez Jacobs
Chez Moebius et Jodorowsky
J'ai voyagé chez Hergé Van Hamme et Rosinsky
Chez Serpieri chez Bilal
J'ai été de toutes les professions de tous les états
Combien de fois me suis-je endormi

Entre les cuisses de Druuna ?
Et quand je ne volais pas la pierre noire de l'Incal
Je défiais le Rige !
Je n'avais pas quinze ans et déjà
Cent fois le tour du monde à mon compteur
La poésie, la musique, la bande-dessinée
Avec ce chandelier à trois branches nous allons
« Où ? »
Impossible de se perdre
Nous sommes éclairés, nous voilà enseignés
Enseigner le voyage
Dire
Qu'il n'est pas bon de rester traîner dans les jupons
De sa bourgade, de ses parents
Que la cervelle attend
De se frotter à la cervelle des autres
Que la confiance s'acquiert en troquant son confort
En bradant ses certitudes
Aspirer à l'état de vulnérabilité
Le voyage
C'est comme un saut à quatre mille mètres d'altitude
J'ai sauté
Le Rhin serait mon dernier bain
Les sapins de la Forêt-Noire mon ultime refuge
Je l'ai bien cru tellement c'est puissant
La chute libre

Où l'on jette toute sa vie
Avec sur le dos un confetti
À ouvrir
chute libre… chute libre
chute libre… chute libre
Deux cents kilomètres heure
Vents rageurs
Visions-frissons
Les villages saxons de Transylvanie
Les fiefs révolutionnaires de Bulgarie
Les ruines d'après-guerre des hameaux de Bosnie
Terre, j'ai eu jardin de mes aïeux en compagnon !

Métro Simplon derrière la Butte
Rue Boisnod
Café Cosmos église Saint-Sava
Boulevard Ordener
Coiffeurs pakistanais bazars chinois boucheries halal
Épiceries indiennes cantine camerounaise
Loin très loin de Montmartre un vieux kosovar
Déclamait du Hugo
Sur le pont de Mitrovica
Et Verlaine cahotait dans un trolleybus de Bucarest
J'allais seul à ma recherche
Mettre des mots sur ma vie
Inventer ma vie par les mots

Dans mon scepticisme dans mes lieux saints
Dans mes baisers levés au ciel
Dans mes poings brandis face au destin
Se dressaient Kadaré Dostoïevski
Dans ma dérision dans ma solitude
Dans mon cynisme dans mes frayeurs
Dans mes coups de couteau tout autour du cœur
Dans mes nuits de vampire
J'entendais rire Céline et Artaud divaguer
Qui portaient mon bagage
Un service de roi mage
Carnets caleçons chaussettes et dictaphone
Ô ma soif Ô ma faim
J'en tremble de départ
Le goût du sel
Le sel du Rann encore à mes lèvres
À genoux un îlot noir lévitant dans le lointain
L'astre solaire fuyait entre mes mains
C'était ici l'Indus bien avant nous
La Terre exprime sa mémoire par sédimentation
Qui imagina le mot disparition
Qui en eut même la pensée ?
Parcourant, l'homme s'inscrit
Aucune civilisation ne lui résiste mais
La Terre reste maîtresse et
L'homme son vassal

Cela l'œil de cette femme Rabari
Le tranchant du poignard de ce paysan Miao
Les anneaux d'or à la narine de cette princesse Mizo
La flèche au panache de Hocco
De cet indien Wayana
Même les buildings de Pùdong
Hong-Kong Chicago New-York
Même les madrasas du Caire
Les ermitages du Natroun
Les temples de Vientiane les sex-shops de Paris
Les bouges de Bangkok
Les jets de salive rouges des pêcheurs de Mandvi
Cela tous me l'ont dit et je l'ai lu en tous
Voyageant, l'homme se reprend
Mais il demeure vassal
Telle est sa mesure

Aussi sommes-nous partis très profondément
Dans notre vie
Très innocemment
Très l'un dans l'autre
Très loin dans l'autre
Puisque naître est un départ
Quel homme n'est pas né nomade par essence ?
J'invoque souvent mes racines
Complément de mon essence

Pâte de mon nomadisme
Elles plongent en Armorique s'étirent en Italie
Courent en pays de France
Et encore
Et encore le jour où tu m'ouvris la porte
L'une de mes branches fit souche dans les Carpates
Et encore et encore – où allons-nous ?
Je vais te le dire
Saluer
Nous allons saluer
Animal Végétal Minéral
Visible Invisible
Fini Infini
Partout toujours saluer
Organique Inorganique
Matériel Immatériel

Notre tâche est immense
Puisque naître et mourir font semence
Il ne peut rien nous arriver
Que de voyager

C'est d'elle qu'il me faut repartir
De cette boule de cristal en cuir
Elle saura dire où vont ces morts
Si fidèles à ce vivant

Où la mémoire mêlée de terre et de chair
Va-t-elle encore se souvenir
J'aimerais tant rebrousser chemin
Commençait à ma ceinture
Elle dira encore à ceux qui l'interrogent
À quel point le voyage est immense
Immense le vacarme guerrier
Du tourbillon des rues de Dhaka
Immense cette noblesse dans le regard
Des vieux porteurs à bras des rickshaws de Calcutta
Immense la ferveur des prières
Remontant le Nil au couchant
Immense les enfants mendiants de Bucarest
Le visage englouti dans des sacs de colle
Immense les enterrements célestes
Des montagnes de Litang
Quand délivrant le corps à des vautours ivres de sang
Joie divine est accordée à l'âme
Immense la contemplation hypnotique d'un sâdhu
Au bain de son corps nu dans l'eau du Gange
Par-delà les pôles
Aimantant les visions laides et les instants de grâce
Il est question de se transmettre
Je suis parti au monde avec mon poids de racines
Je suis allé à mon semblable
Désentravé par mon enracinement !

Je ne sais plus ce que je cherchais
L'oubli
Le voyage me l'a accordé
J'écris
Que le grand jeu du grand mystère consiste
À ne rien trouver
Il est question de suivre une trace
De prolonger la ligne
Sans rire !
Le vieux kosovar une main posée sur mon bras
Récitait des vers de Hugo
Sur le pont fragile de Mitrovica
Sans rire !
Du fond de la steppe, Dariganga
Apparaissait pareille à une Kaaba de yourtes noires
Sans compter les jets de bétel
Qui de Bhudj à Chittagong rougissaient la poussière
Et les gencives des chauffeurs de fourgons
Et dans la crypte où il repose
La lumière sépulcrale
Sur le glaive sculpté de Hristo Botev
Et les rires des enfants-poissons des rives du Maroni
Et le sourire de Hritina Borimechkova
Et les cris et les ongles des pleureuses
Sur un parvis de Moldavie
Et la sueur qui roulait sur l'ébène

Des corps des réfugiés du Soudan
Et toutes les larmes
Et la pudeur
Qui souvent nous étouffent
Il régnait le silence de la mort
Au charnier de Srebrenica

Nous ne sommes pas perdus
J'ai semé des livres aux carrefours des routes
Des poèmes aux détours des sentiers
Sur le bois des pirogues
Au bastingage des cargos
Aux vitres des trains de nuit
Dans le sable des plages
Aux écorces des forêts j'ai griffé
Les mots de ma vie qui prenait forme
Ils indiquent tous les sens
Le dérèglement des sens du voyage au long cours
Le sperme giclé
Sur les écrans des cabines de projection
L'huile et les paillettes aux cuisses des filles
Juchées comme des oiseaux merveilleux
Sur les hauts tabourets de chrome
Shawny faisait l'amour sur scène six fois par jour !
Des couples pénétraient dans les alcôves
Claquait aussitôt le loquet des trappes

Par où des yeux avides s'agglutinaient
Ils indiquent tous les sens
Le craquement sec de la cloison nasale qui cède
(Julie refermait les bouches des macchabées)
La fade odeur froide des draps maculés
Des membres raides et qu'il faut étirer
Pour passer la chemise, enfiler le pantalon
Ou souples encore mais tièdes alors
Et qui rebutent au toucher
Comme on se dit que le dernier souffle
N'est peut-être pas encore définitivement absent
On eût dit des cucurbitacées
Ces têtes plongées dans le formol
Alignées sur une étagère dans la pièce d'à côté
Dans la pièce d'à côté nous mangions
Et nous buvions du café
À son trousseau de clés Julie arborait
Un cercueil en argent
La morgue n'a pas connu d'autopsie
En ce mois de juillet

Reste !
Je veux avec toi toujours chavirer
À Strasbourg tu dansais
Rue Saint-Nicolas
Dans nos dix-huit mètres carrés de brocante

Comme tu dansais !
À Sarmaş tu m'apprenais
Une traduction à la main
Une fois je t'ai dit adieu sur un quai de gare
Une nuit tu m'as appelé pour me reprendre
À Beg-Meilh tu avançais
À tâtons jusqu'au phare de la cale
Couverte de mousse et d'écume
Il y avait la promesse de rives lointaines
Dans la mer que tu écoutais
À Paris tu parlais
Seule la nuit dans toutes les langues
À Brest tu pleurais
Et j'étais trop amer pour sécher tes larmes
À Belmont tu cueillais
Ton courage dans les fruits des saisons
Au bord de la Garonne
Sans l'imaginer
Tu as édifié les cent ans de ta vie à venir

Une fois je t'ai dit adieu sur un quai de gare
Une nuit tu m'as appelé pour me reprendre

Reste !
Les Grecs d'Alexandrie préparaient la Noël
Dans les chants et l'encens des ostensoirs

Au sommet de Mokattam les Coptes plongeaient
Leurs prières dans les pourritures du Caire
Le petit âne de Francis Jammes
S'est effondré sous son ballot d'ordures
Au moment où je passais
Une longue balafre rayait le visage de la professeure
Qui dans les escaliers m'a glissé
« Ne fuis pas le bonheur. La vie est courte.
Le malheur n'a pas besoin de toi
Pour venir le chercher. Le malheur vient seul
Et toujours trop tôt. »

Chavirons ensemble !
Il y a l'oyat humide aux dunes des goémons
Il y a la corne des grabataires
Il y a le corail lisse de ton pubis de tes paupières
Il y a le vomi d'un mourant
Il y a la porte qui s'ouvre
Il y a la lecture de Baudelaire
Il y a les fumées des bûchers de Bénarès
Il y a les cerfs-volants des enfants
Il y a la psalmodie d'un vieillard
Tandis que tu t'endors
Au bout du corridor
Le fleuve
Le temple

Un homme s'avance qui nous ressemble
Tous les sens du voyage au long cours
Tapages odeurs saveurs douleurs : le paysage
Vierge et je communie
Souillé et je maudis
Mais il faut tout prendre
Sous le sourire se dissimule les crocs
Derrière la main tendue le couteau
Dans chaque cœur le goût de l'autre le goût du sang
Bravoure et lâcheté
Cruauté charité n'ont qu'un visage
Et si la terre tremble
Contre qui se tourner ?

Halte !
Halte en gare de l'Inconnu
« Passagers de votre vie n'attendez plus
Embarquez dès aujourd'hui
Il n'y a pas de risque au voyage
L'envol rapporte à tous les coups
Quitte à y laisser
Des plumes
Ou sa peau
Grandit celui qui en fait le pari »

Je n'avais pas vingt ans que déjà
La fièvre m'habitait tout entier

Du même auteur :

J'aimerais tant rebrousser chemin - *récit de voyage en Europe de l'Est* (1ère édition, Ed. Bibliophane Daniel Radford, Paris, 2007 ; 2e édition, Ed. La Terre en Marche, 2014)

Traces - *récit de voyage Kosovo-Albanie* (Ed. La Terre en Marche, Toulouse, 2014)

L'appétit des mangroves *– récit de voyage en Guyane française* (Ed. La Terre en Marche, 2014)

L'imposteur d'Alexandrie *–* récit de voyage en Égypte (Ed. Michèle, Paris, 2010)

Trois Fois Feu *–* récit de voyage en Asie (Ed. La Terre en Marche, 2016)

La Terre en Marche 1 *–* 6000 km à pied de Venise jusqu'en Chine. Deux ans sur la via Egnatia et la route de la soie (Ed. La Terre en Marche, 2017)

La Terre en Marche 2 *–* Une traversée africaine à pied, en famille : Éthiopie, Tanzanie, Malawi, Zimbabwe (Ed. La terre en Marche, 2020)

Achevé d'imprimer en mars 2020

Dépôt légal : mars 2020

www.ingramcontent.com/pod-product-compliance
Lightning Source LLC
LaVergne TN
LVHW041804190726
843493LV00008B/2786